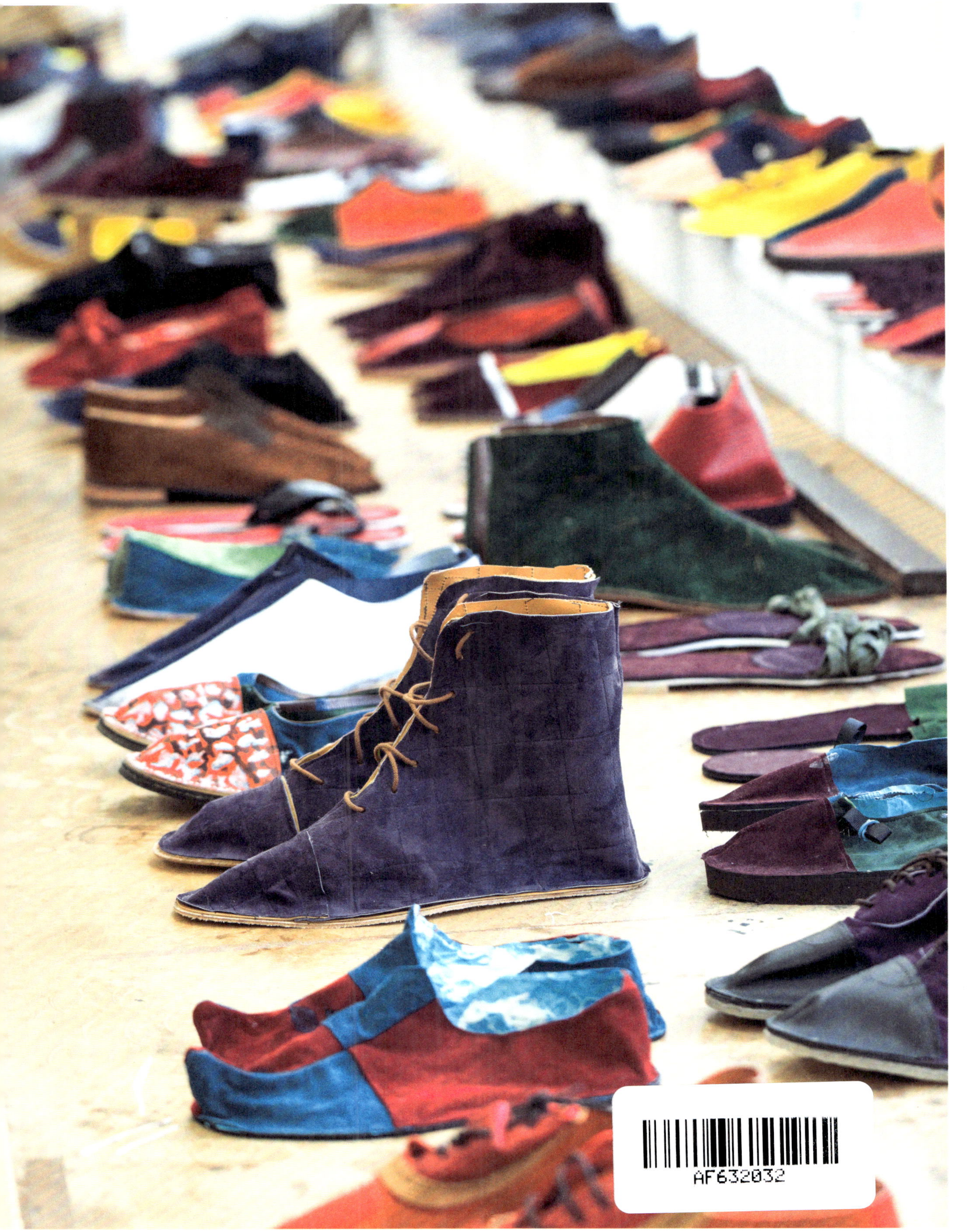

Cahier de résidence

Anastasia Douka

chez John Lobb

sous le parrainage de Richard Fishman

ACTES SUD | FONDATION D'ENTREPRISE HERMÈS

Entretiens de Gaël Charbau avec Anastasia Douka et Richard Fishman

Entre juillet 2016 et février 2017, Anastasia Douka a travaillé en immersion dans la manufacture de souliers John Lobb à Northampton. Elle y a développé un projet ambitieux, consistant à imaginer avec chaque artisan de la manufacture une paire de chaussures unique, où chacun a pu exprimer ses goûts et ses préférences. L'ensemble des souliers réalisés constitue aujourd'hui un "portrait de famille" exhaustif de l'ensemble des artisans qui travaillaient sur le site pendant la durée de la résidence. Elle a également produit deux sculptures en papier mâché de machines qu'ils utilisent quotidiennement et réalisé des entretiens qui viennent compléter son travail plastique.

Gaël Charbau : Pouvez-vous me dire ce qui vous a motivé à proposer à Anastasia Douka cette expérience dans la célèbre manufacture de souliers ?
Richard Fishman[1] **:** En tant qu'enseignant, je recherche des étudiants inventifs dans leurs œuvres, curieux et fascinés par le monde. En parrainant ces résidences, je me place dans le même état d'esprit. Anastasia Douka travaille avec des objets ordinaires, elle est extrêmement attentive à leur forme et à leur fonction, ainsi qu'à la manière dont ils affectent les personnes qui en ont l'usage. Être responsable du choix d'un artiste que la Fondation d'entreprise Hermès invite en résidence m'incite à partager des problématiques qui nourrissent mon propre travail. Anastasia s'intéresse à la fabrication des objets et entretient une grande fascination, une grande sensibilité pour les matériaux dont ils sont faits et pour la façon dont ils s'assemblent. La manufacture John Lobb[2] met en œuvre de nombreuses étapes pour fabriquer de belles chaussures : ce sont, d'une certaine manière, des sculptures qui auraient une fonction… Il est intéressant de constater ce que de telles résidences apportent aux artistes : ils sont exposés à des matériaux, à des processus, à des environnements qu'ils n'ont sans doute jamais rencontrés auparavant.

1. Richard Fishman est un sculpteur et designer américain dont les œuvres sont présentes dans de nombreuses collections privées et publiques, comme le Hirshhorn Museum and Sculpture Garden et le B'nai B'rith Museum à Washington DC, le Rose Art Museum (Brandeis University) et le Massachusetts Institute of Technology. Au cours de sa carrière, son travail a fait l'objet de nombreuses expositions personnelles et collectives. Il a reçu plusieurs prix, dont une bourse de la Guggenheim Foundation. Richard Fishman est professeur d'arts visuels et directeur du Granoff Center for the Creative Arts à la Brown University à Providence, où il a contribué à la création de projets et de cours interdisciplinaires, explorant les relations entre les arts, la science et la technologie.

2. John Lobb est fondé en 1866 à Londres. Installé à Paris en 1902, John Lobb France intègre le groupe Hermès en 1976. En 1994, sa manufacture de prêt-à-porter ouvre à Northampton, en Angleterre. Elle a accueilli Anastasia Douka entre juillet 2016 et février 2017. Au-delà d'un service de personnalisation "By Request", une activité de sur-mesure est domiciliée rue de Mogador à Paris. Cet atelier a reçu en résidence d'artiste Anne-Charlotte Yver en 2013.

Anastasia a trouvé un très beau moyen d'atteindre son but initial, qui est de réaliser une œuvre non pas pour un public indéfini, mais pour quelqu'un en particulier. Il s'agit de l'ensemble des artisans de la manufacture dans ce cas précis. Elle a su préserver le caractère spontané de sa réflexion, en proposant des choses que certains pourraient qualifier d'"inachevées". Elle a également raconté une histoire qui lui est propre, ainsi que les procédés de fabrication, en réunissant l'ensemble des acteurs de cette manufacture, et c'est assurément un projet très généreux !

Gaël Charbau : Peux-tu me dire comment s'est élaboré ton projet à la manufacture John Lobb ?
Anastasia Douka : Quand je suis arrivée dans la manufacture, il fallait que je comprenne comment fonctionnait la production, comment se fabriquaient les souliers John Lobb. J'ai décidé de suivre pas à pas la fabrication d'une paire à travers l'entreprise. J'ai donc pris le cuir nécessaire à la confection d'une seule paire et je suis passée d'un poste de travail à l'autre jusqu'à ce qu'elle soit terminée. J'ai ainsi parcouru toutes les étapes de la fabrication, en rencontrant chaque fois les personnes chargées des différentes opérations. La réalisation complète d'une paire de souliers nécessite à peu près cent quatre-vingt-dix interventions. Même si chaque modèle s'accompagne d'un "billet" qui décrit toutes les opérations nécessaires et l'objet à produire dans ses moindres détails, je me suis aperçue que les artisans ne s'impliquaient pas dans le processus en son entier. Ils se concentrent sur un geste particulier, parfaitement répété, qu'ils maîtrisent bien et dont ils tirent une certaine fierté, mais ils perdent de vue les pièces sur lesquelles ils ont travaillé dès que celles-ci passent aux étapes suivantes du processus de production. Les notions d'originalité et de sensibilité personnelle se perdent au milieu d'objets identiques. La question est de pouvoir identifier son intervention individuelle et reconnaître quelque chose comme "sien" dans un ensemble d'articles tous semblables.
G. C. : Ton projet porte sur ce rapport entre capacité à produire et approche personnelle d'un objet que tout le monde possède…
A. D. : Le projet porte sur les notions de personnalisation et d'identité de groupe – en quoi ces deux idées se confrontent-elles dans un environnement de travail ? – tout en menant une réflexion sur les propriétés de l'objet en question et de sa matière première : la chaussure et le cuir. Mon projet est axé sur la

confection d'une paire de chaussures unique pour chacune des personnes qui travaillent dans l'entreprise. Je voulais qu'au cours de ma résidence tous les employés, et pas seulement les artisans, participent au projet. J'ai donc décidé de produire une paire de chaussures pour tous les membres de la JL & Co[3]. Ces chaussures ne sont pas destinées à être portées. Elles sont un condensé, un exemple de soulier par excellence réduit à sa plus simple expression, c'est-à-dire à une semelle et une tige assemblées. Mais elles sont façonnées sur mesure, de la teinte choisie et avec les particularités de forme voulues. J'ai réalisé de courtes interviews vidéo où chacun décrit les caractéristiques de sa propre paire, qu'il ne gardera pas mais qui le représentera. La personne précise sa place dans l'entreprise, sa pointure, les couleurs qu'elle a choisies, le modèle qu'elle souhaite, et certains y ont même ajouté un détail spécifique. Les réponses ont oscillé entre une certaine neutralité ou indifférence et une réaction complètement affective. Après avoir réuni ces témoignages, j'ai commencé à travailler sur une forme afin de réaliser les différentes pointures. Travailler avec la forme pour homme 0015E[4] tout en déclinant toutes les pointures pour femme a représenté un réel défi. J'ai reçu l'aide du bureau des développements pour obtenir les bons gabarits. Les différents modèles ont découlé d'un principe de base qui consistait à associer une, deux ou trois couleurs sur la même chaussure. Il existe en effet bien d'autres couleurs disponibles que celles de la gamme habituellement utilisée dans la manufacture, notamment des teintes vives, franches. Pour pouvoir combiner ces couleurs, la chaussure a été partagée en deux par le milieu ou bien en trois. Ce pouvait être une chaussure basse, une botte ou une ballerine. Plus tard au cours du processus, les descriptions données par les employés se sont complexifiées. Une femme a demandé une paire de tongs et d'autres ont suivi !

G. C. : Il y a cent cinq personnes qui travaillent chez John Lobb de Northampton : c'est un défi de taille !

A. D. : Absolument et, comme tous les projets d'artistes en résidence à la Fondation d'entreprise Hermès, les œuvres doivent être produites en double exemplaire, cela fait quatre cent vingt chaussures, ce qui n'est pas rien !

G. C. : Comment as-tu procédé ?

A. D. : Au tout début, j'ai commencé par fabriquer des modèles en papier, afin de comprendre les principes de base d'un soulier. Je voulais que tous les noms des participants figurent sur les modèles, de sorte que cet ensemble constitue une sorte d'archive. Je considère cette série de chaussures comme

3. John Lobb à Northampton.

4. Forme masculine, emblématique de la maison John Lobb.

un portrait collectif; elles sont conçues pour être exposées l'une à côté de l'autre, comme une image du personnel de la manufacture. Elles n'existent pas séparément les unes des autres, mais au sein d'un ensemble. On pourrait décrire un groupe de personnes de multiples façons, mais en l'occurrence il s'agit de constituer des archives visuelles pour les employés d'une entreprise. C'est un projet qui porte sur l'identité. Dès lors que le projet est entré dans sa phase de production, j'ai disposé d'une équipe technique pour m'aider sur quantité de détails pratiques et me soulager de la charge de travail. Au cours de ces échanges tout à fait exceptionnels sur le savoir-faire, j'ai commencé à entrevoir ce que ces personnes considéraient comme "beau" ou comme "mauvais et loupé". La notion d'imperfection a commencé à avoir un sens nouveau pour elles. Elles étaient invitées à ajouter des détails à leur guise, comme elles l'entendaient, et à prendre des initiatives sur la façon dont nous devions procéder, tout en restant dans la ligne des multiples modèles demandés. Il arrivait que ce soit l'économie de temps et d'énergie qui prime, et cela se ressent dans l'exécution. Pour elles, ces chaussures s'apparentaient plutôt à des prototypes faciles à réaliser, qui cependant, en raison de leur nombre, étaient nécessairement perçus comme "étranges mais uniques". Les essayer et commenter les choix des autres était devenu un jeu quotidien.

G. C. : Au cours de ta résidence, tu as réalisé un autre projet sur les machines qu'utilisent les artisans. Peux-tu me parler de ces pièces?

A. D. : La relation que les gens entretiennent avec les machines est essentielle au bon fonctionnement de toute entreprise. Il y a une indéniable beauté, qui tient du stéréotype, dans la présence physique de ces machines. Leurs propriétés sont le fruit d'années d'expérience dans le métier et leur forme répond à la morphologie de l'utilisateur. Sur l'ensemble de l'équipement de la manufacture, j'ai choisi deux machines essentielles au processus de fabrication des souliers: le *channel opener* et le *channel closer*. La première permet d'assembler la partie supérieure à la semelle et la seconde clôt l'opération en rabattant le cuir et en l'écrasant. Elles fonctionnent en sens opposé l'une de l'autre. J'ai aussi choisi de travailler sur une autre machine utilisée quotidiennement, celle dont tous les employés se servent pour enregistrer leur entrée et leur sortie de l'usine, au début et à la fin de leur journée de travail. C'est une machine à reconnaissance biométrique, requérant la main de l'employé. J'ai pensé qu'il y avait là un lien intéressant entre ces mains – qui participent à la fabrication – et l'empreinte de pas des chaussures. Avec du papier et de la colle, j'ai fait des moulages du dessus des machines, dont je me suis servie ensuite pour les découper. C'est une sorte de seconde peau qui conserve la structure d'ensemble de la surface. Mais ce ne sont que les enveloppes vides, en papier, des objets d'origine.

G. C. : Peux-tu m'en dire davantage sur tes relations avec les artisans dans l'entreprise ? Comment ont-ils réagi à ton projet ?

A. D. : Je pense que tous ont aimé l'idée de me regarder travailler au milieu d'eux, à essayer de connaître leurs savoir-faire. Les artisans qui m'ont aidée à confectionner les chaussures me précisaient certains détails et me fournissaient des indications sur les procédés de fabrication avec une extrême gentillesse. Certains se sont activement investis dans ce travail et en ont suivi avec beaucoup d'intérêt la progression. Chaque fois que je me suis sentie incapable de continuer ou que j'étais confrontée à des difficultés d'ordre pratique, j'ai bénéficié de leur aide éclairée et j'ai pu suivre leurs conseils. Il s'est surtout agi de partager la responsabilité d'une prise de décision et la satisfaction de voir le résultat final. Leur enthousiasme, leur ténacité et leur persévérance, tout au long de ma résidence, ont été des facteurs déterminants pour la réussite des projets.

G. C. : Quelle place accordes-tu à ces créations dans l'ensemble de ton œuvre ?

A. D. : J'aime travailler avec l'espace, le lieu où je me trouve, quel qu'il soit, et je tiens compte des circonstances, des matériaux, de leurs limites et de leurs qualités, ainsi que du temps. Je travaille avec le temps et l'espace.

Le Collant – The Thing You Can't Get Rid of
Channel Opener/Channel Closer

chez John Lobb

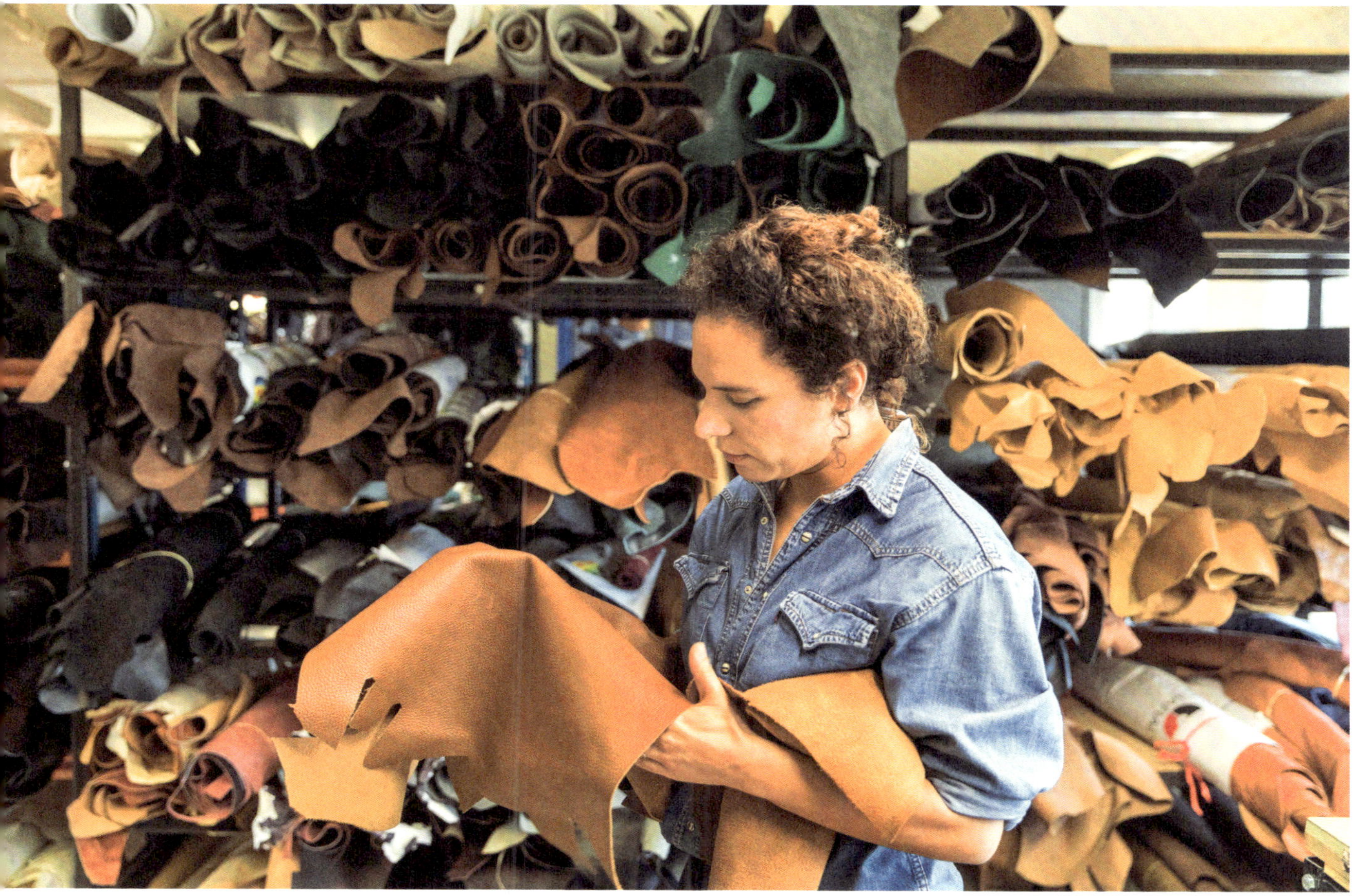

irs et daims en quantité de couleurs et de textures différentes.
ather and suede in a multitude of colours and textures.

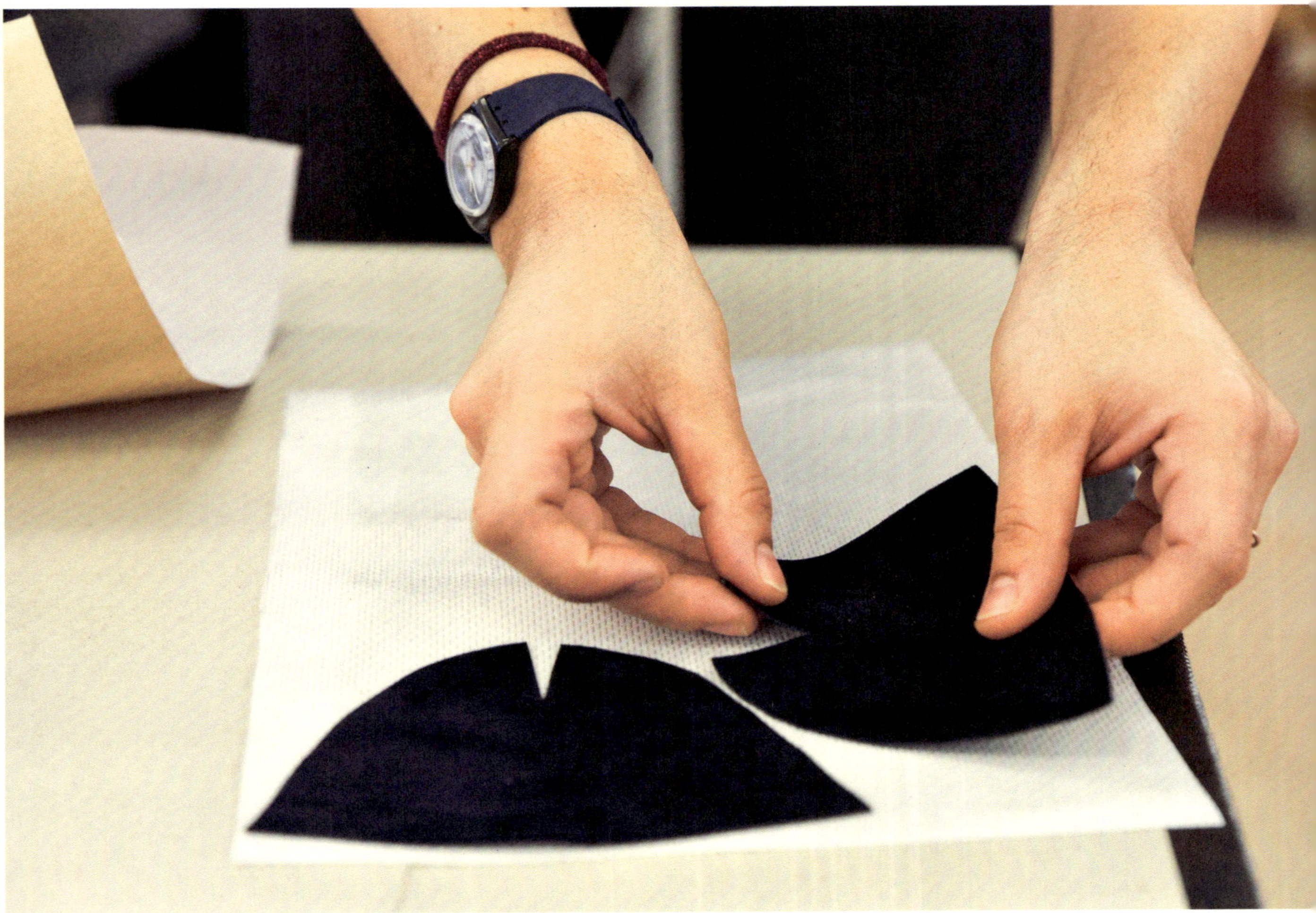

Renfort du daim par l'ajout d'une épaisseur supplémenta

Reinforcing suede with an extra lay

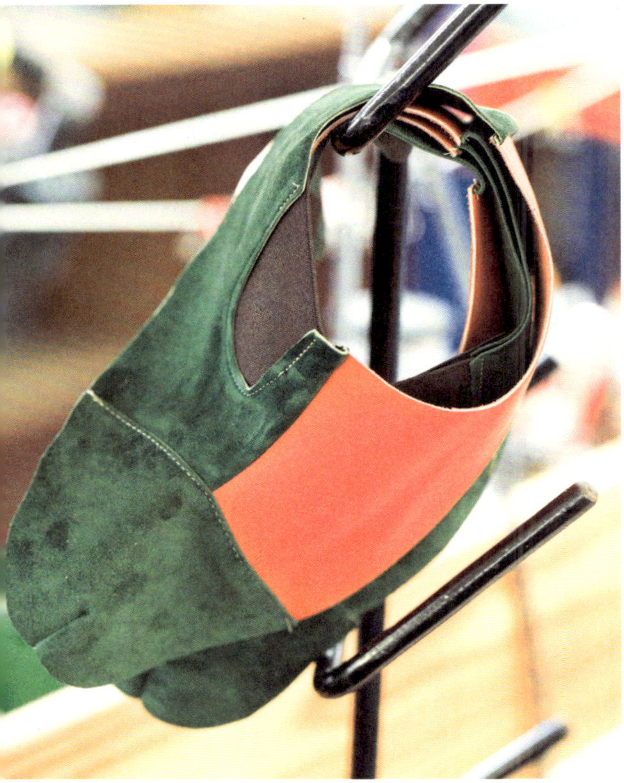

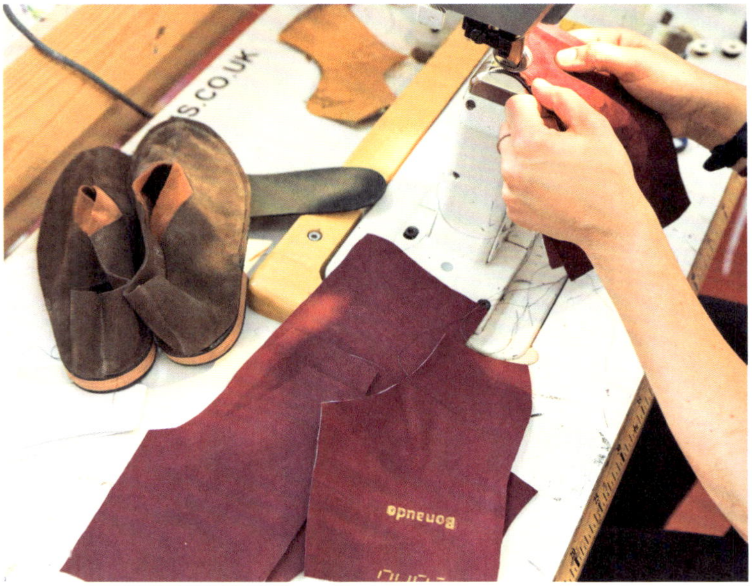

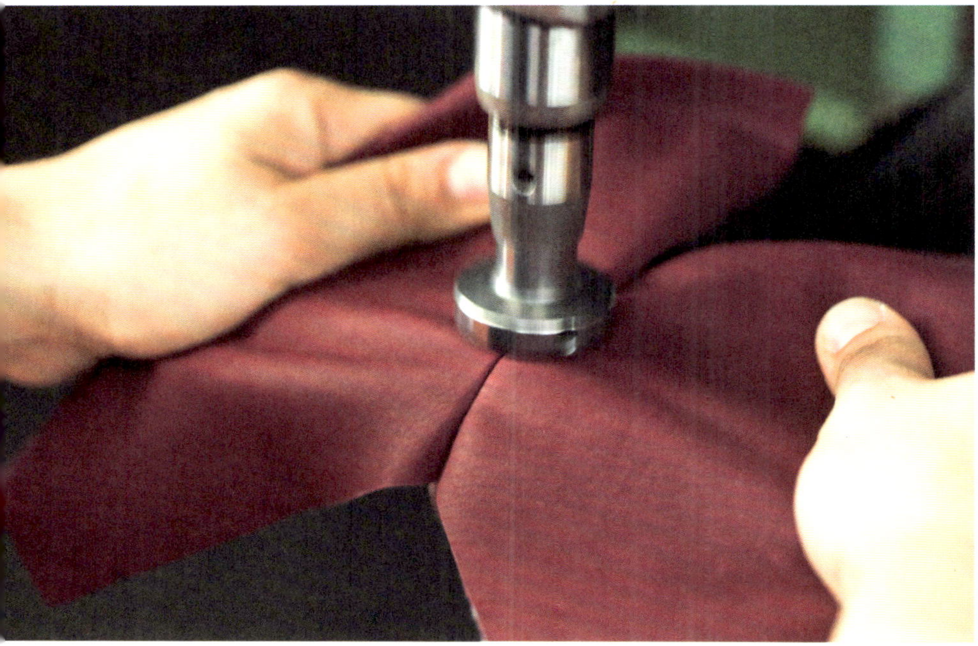

qûre et martelage pour assembler les éléments de la partie supérieure (tige) de la chaussure.
tching and hammering to fit the shoe upper.

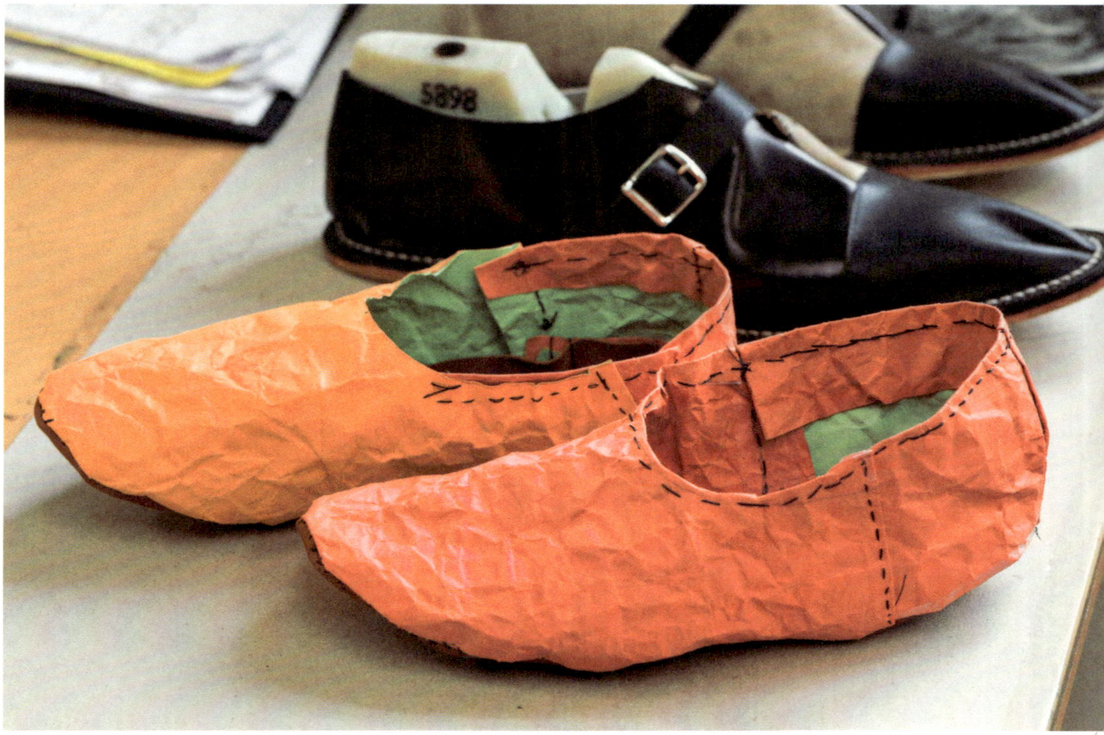

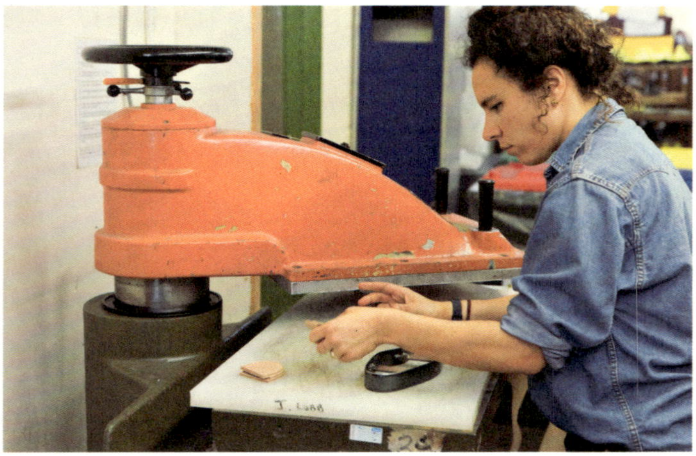

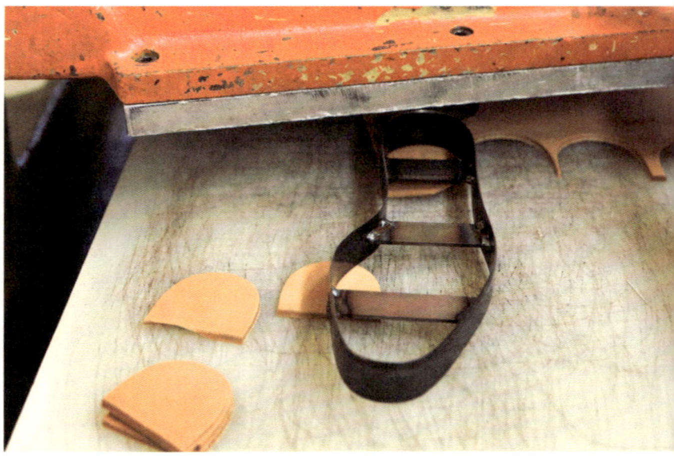

Maquette en papi
Presse pour découper semelles et talons à l'emporte-pièc
Paper mock-up
The press knife for cutting the outer sole and hee

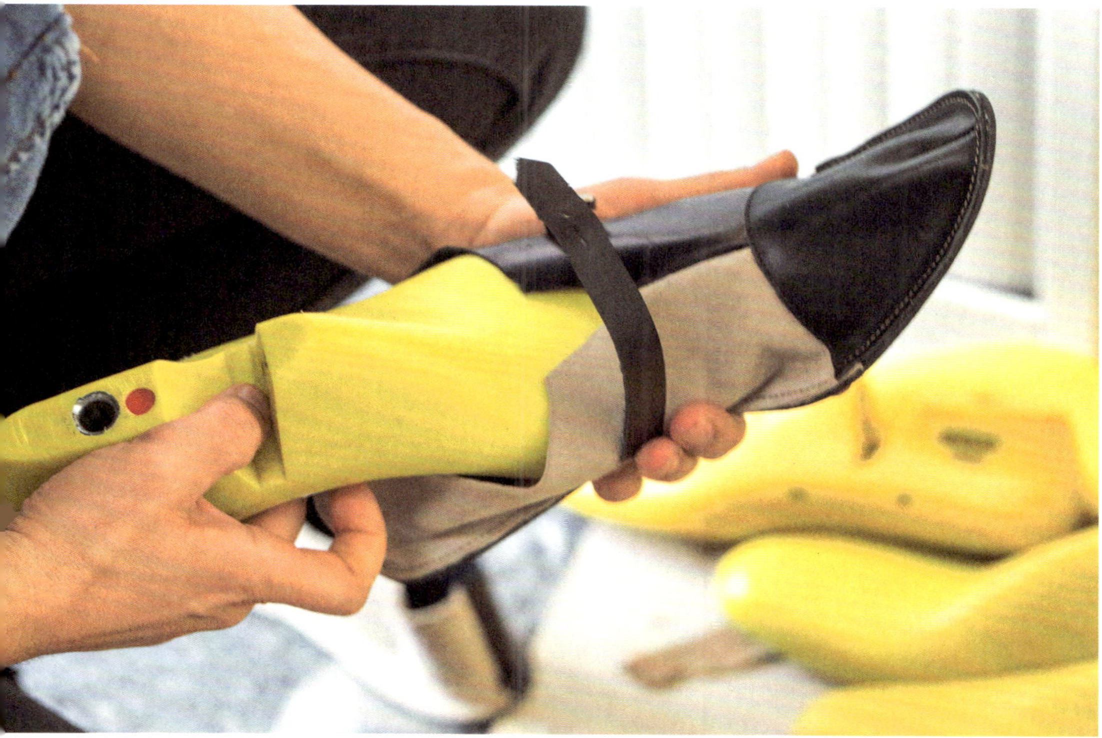

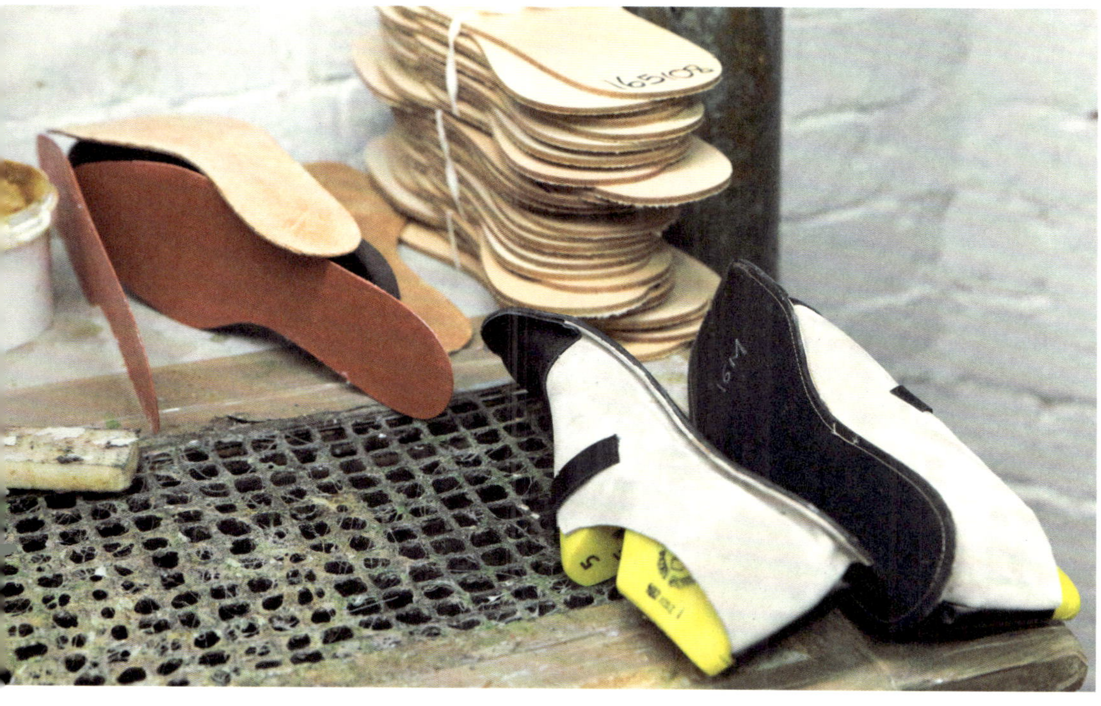

itionnement de la tige et de la semelle intérieure sur la forme 0015E.
hage de la colle avant de pouvoir ajouter la semelle.
ting the stitched upper and sole on the 0015E last.
ting for the glue to dry in order to add the outer sole.

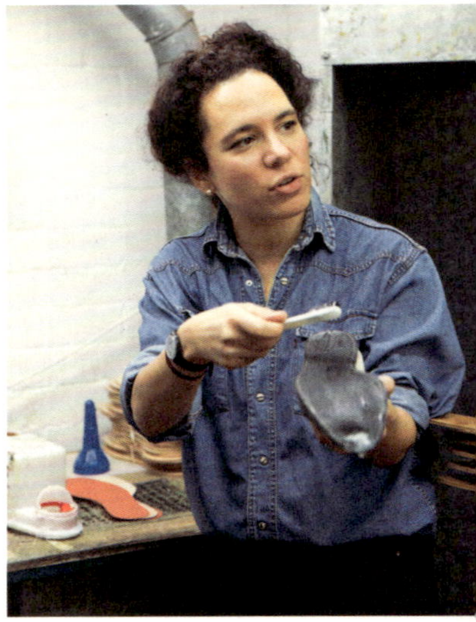

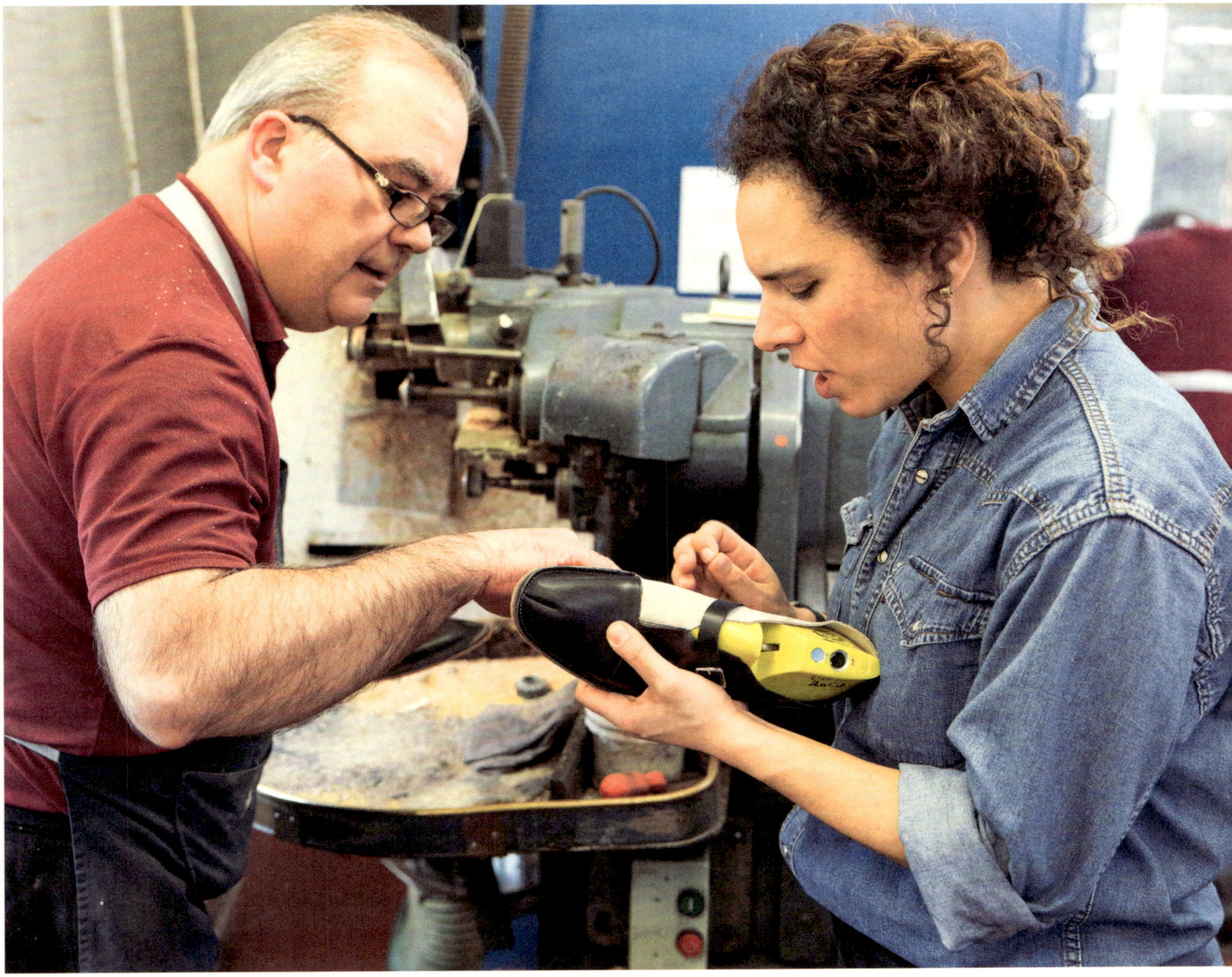

Finition et lustrage du pourtour pic
Finishing and polishing the stitched

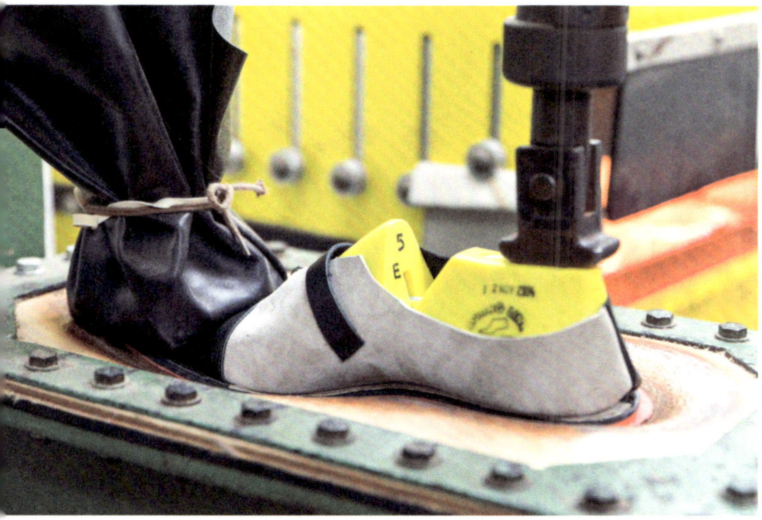

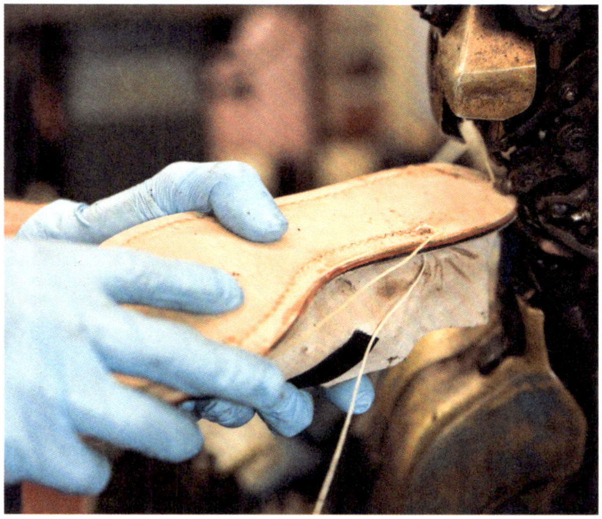

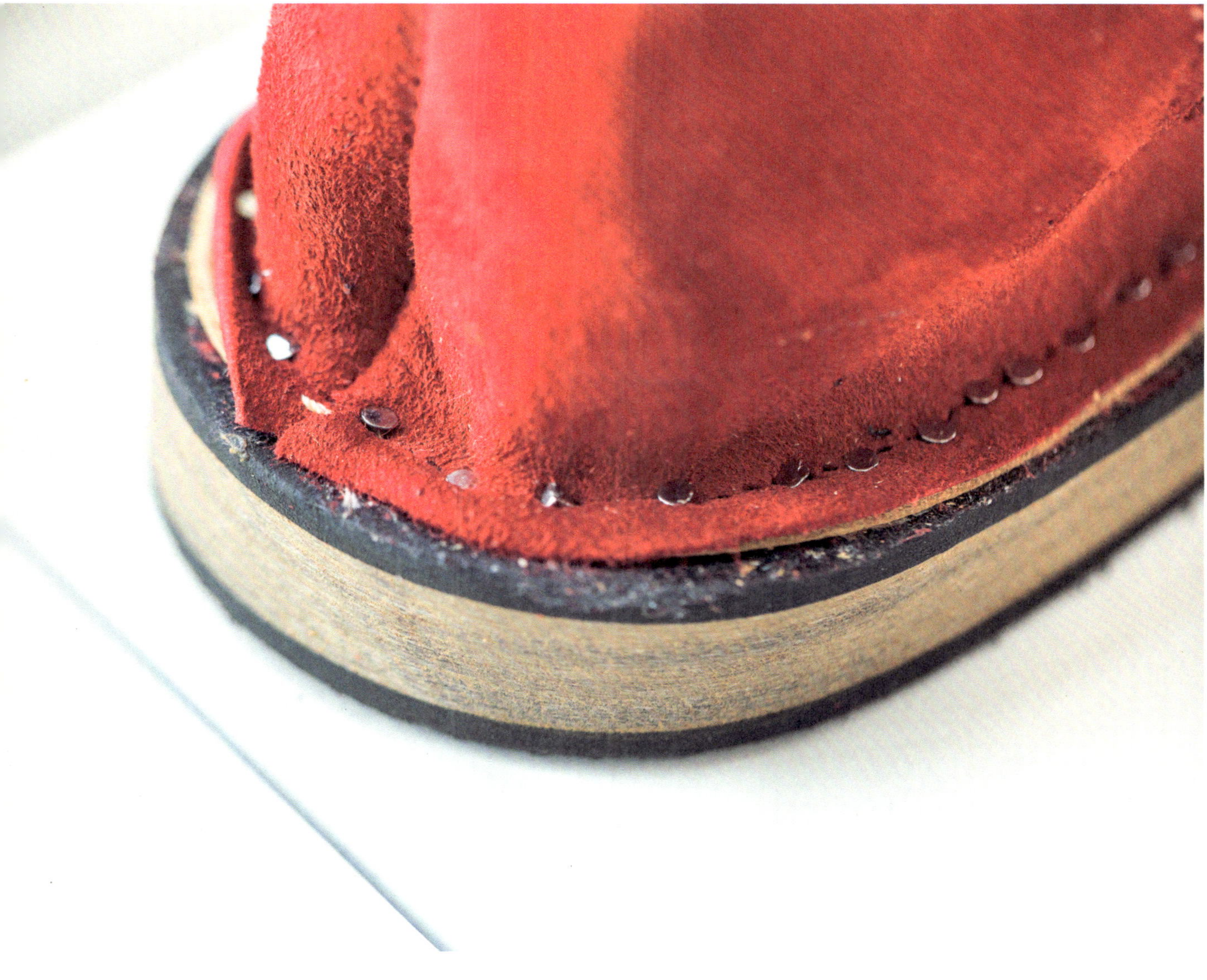

presse à souder. Travail de piqûre de la semelle à la machine à coudre. Clous pour fixer le talon.
he pressure clamp. At the sole stitcher. Tacks attaching the heel.

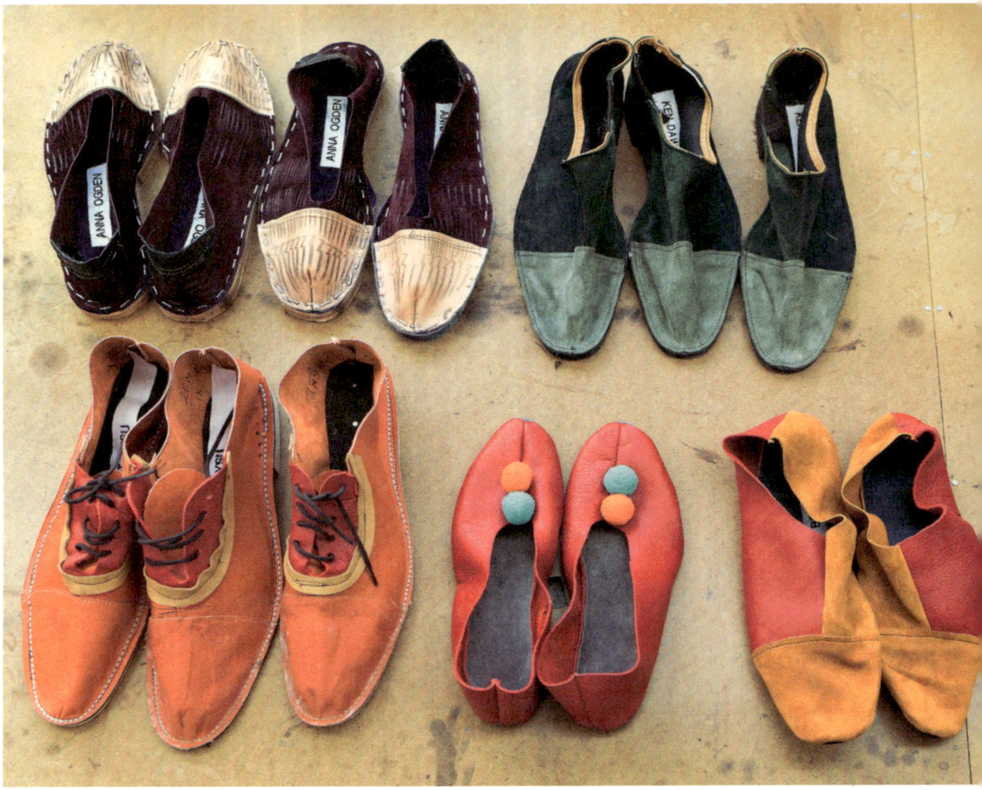

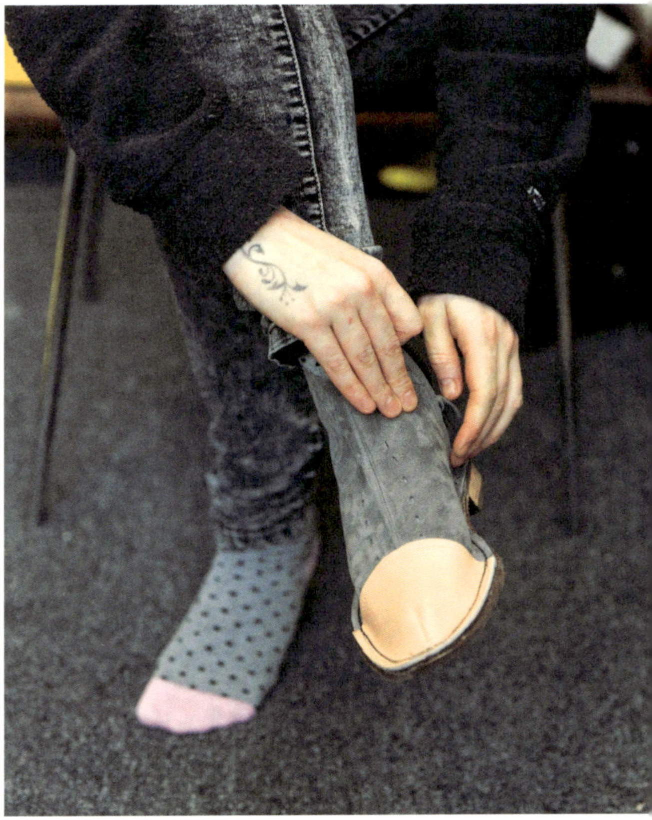

Chaussures terminées avec le nom de chaque artisan marqué sur une étique
Sam Taylor avec sa paire de chaussures telle qu'elle l'avait décr
Finished shoes with name ta
Sam Taylor and the pair of shoes she describ

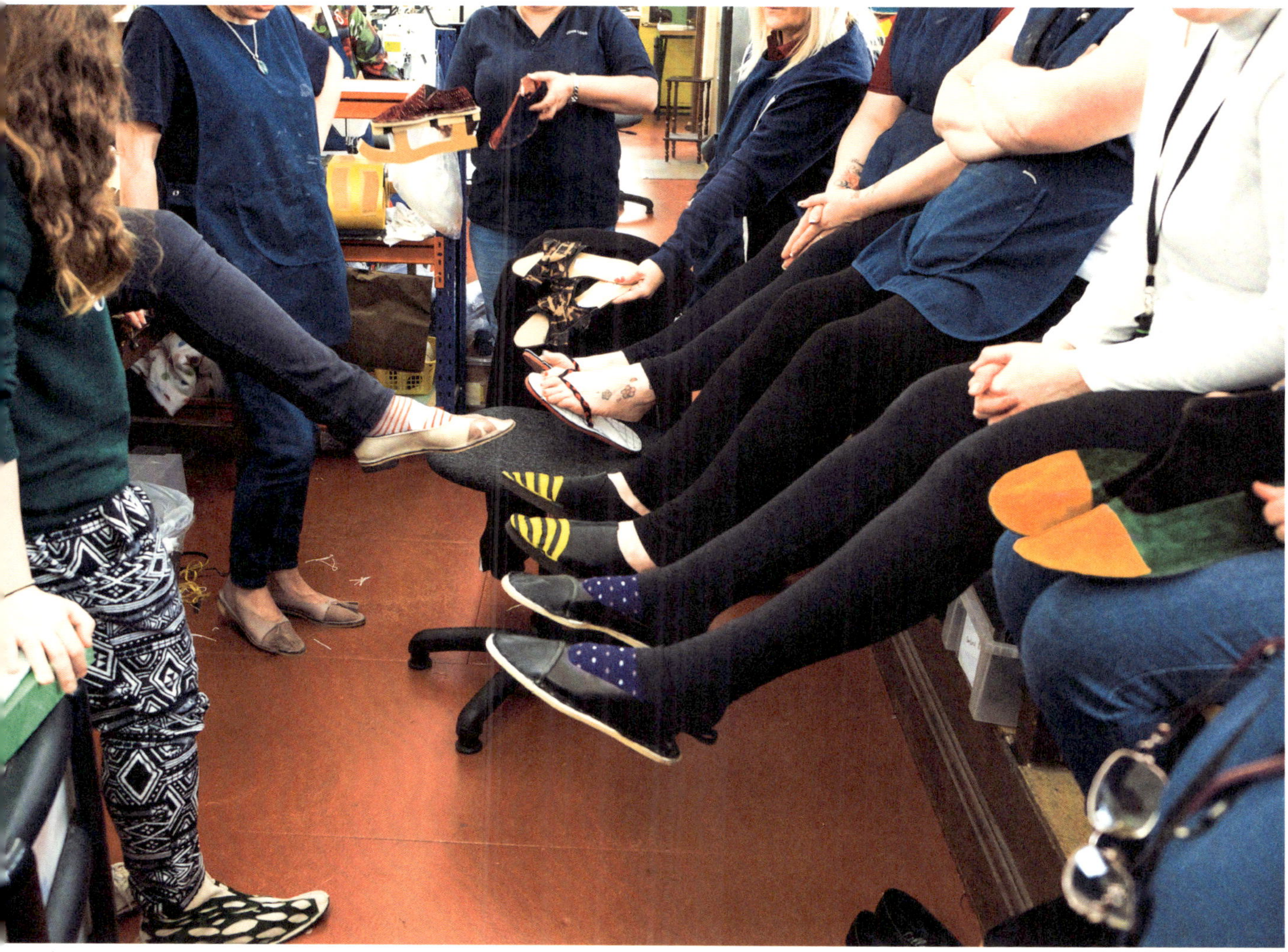

upe d'opératrices, de coupeuses et de monteuses essayant leurs chaussures.
roup of machinists and fitters trying on their shoes.

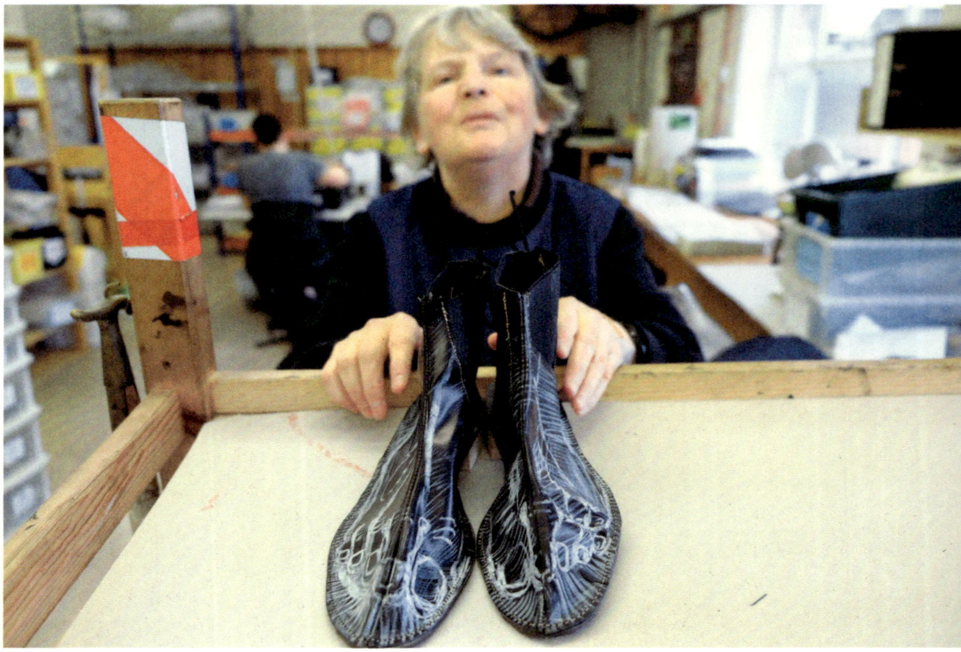

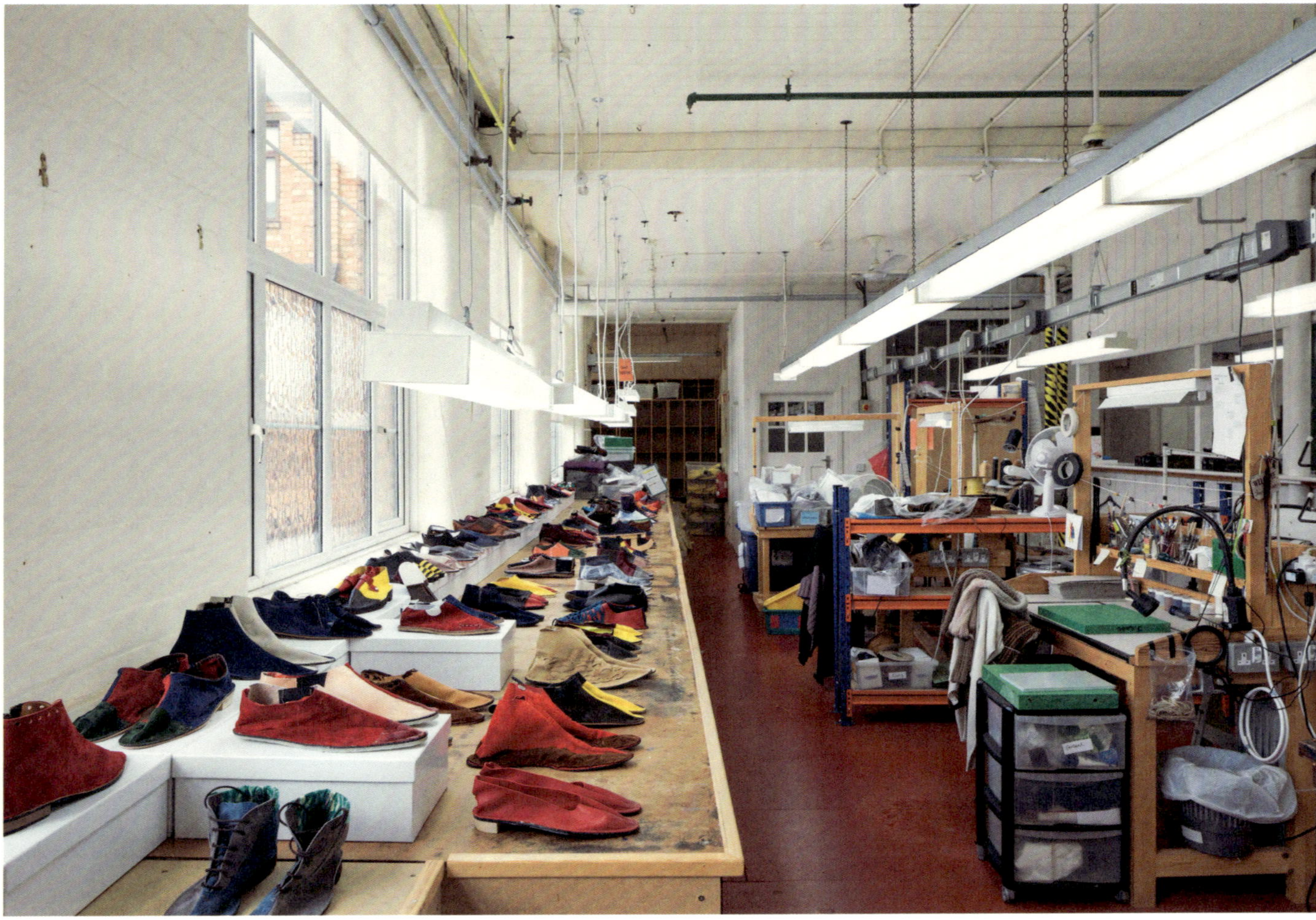

Margaret Dooley avec ses bottines : dessin à la cire végétale blanche sur cuir r
Les cent cinq paires de chaussures sur le plan de travail de la manufacture John Lo
Margaret Dooley with her boots: Chinese white wax drawing on black leat
All the 105 pairs of shoes on the John Lobb work fl

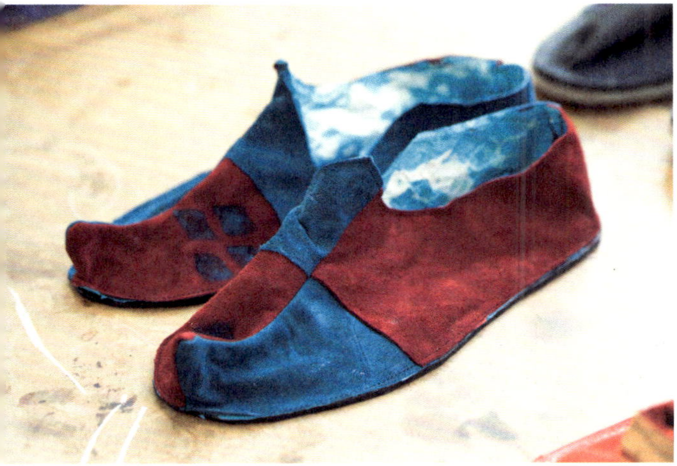

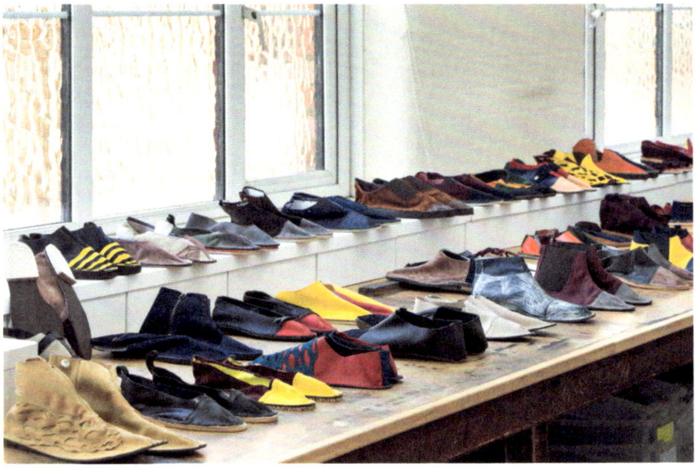

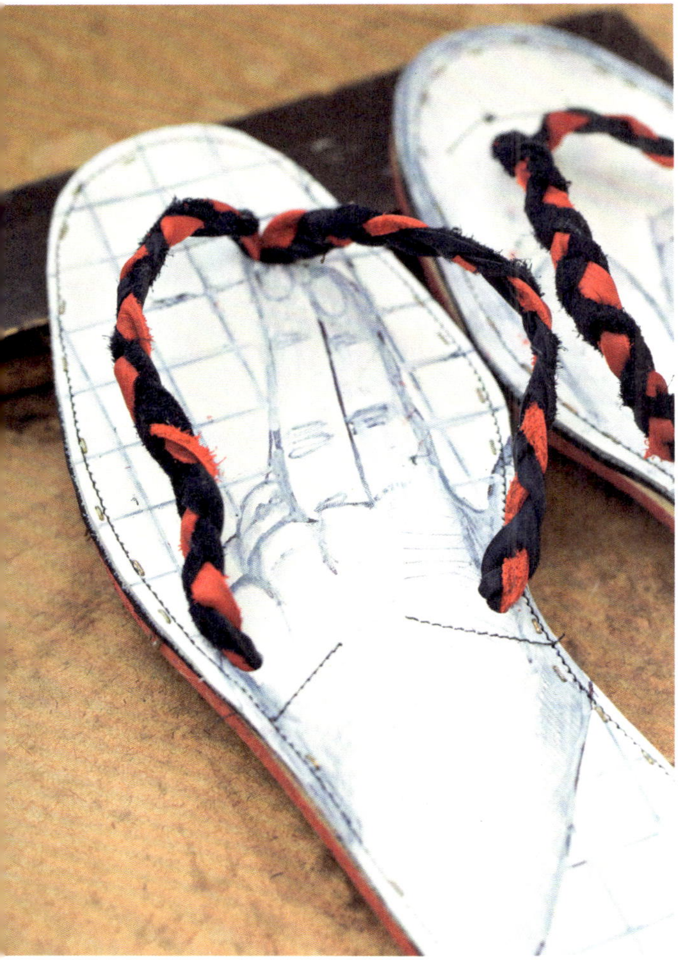

paire de Becky Thomson à motif arlequin, comme elle le souhaitait.
ngées de chaussures terminées.
s tongs de Dawn Buswell.
cky Thomson's pair in the Harlequin design she requested.
ws of finished shoes.
wn Buswell's flip flops.

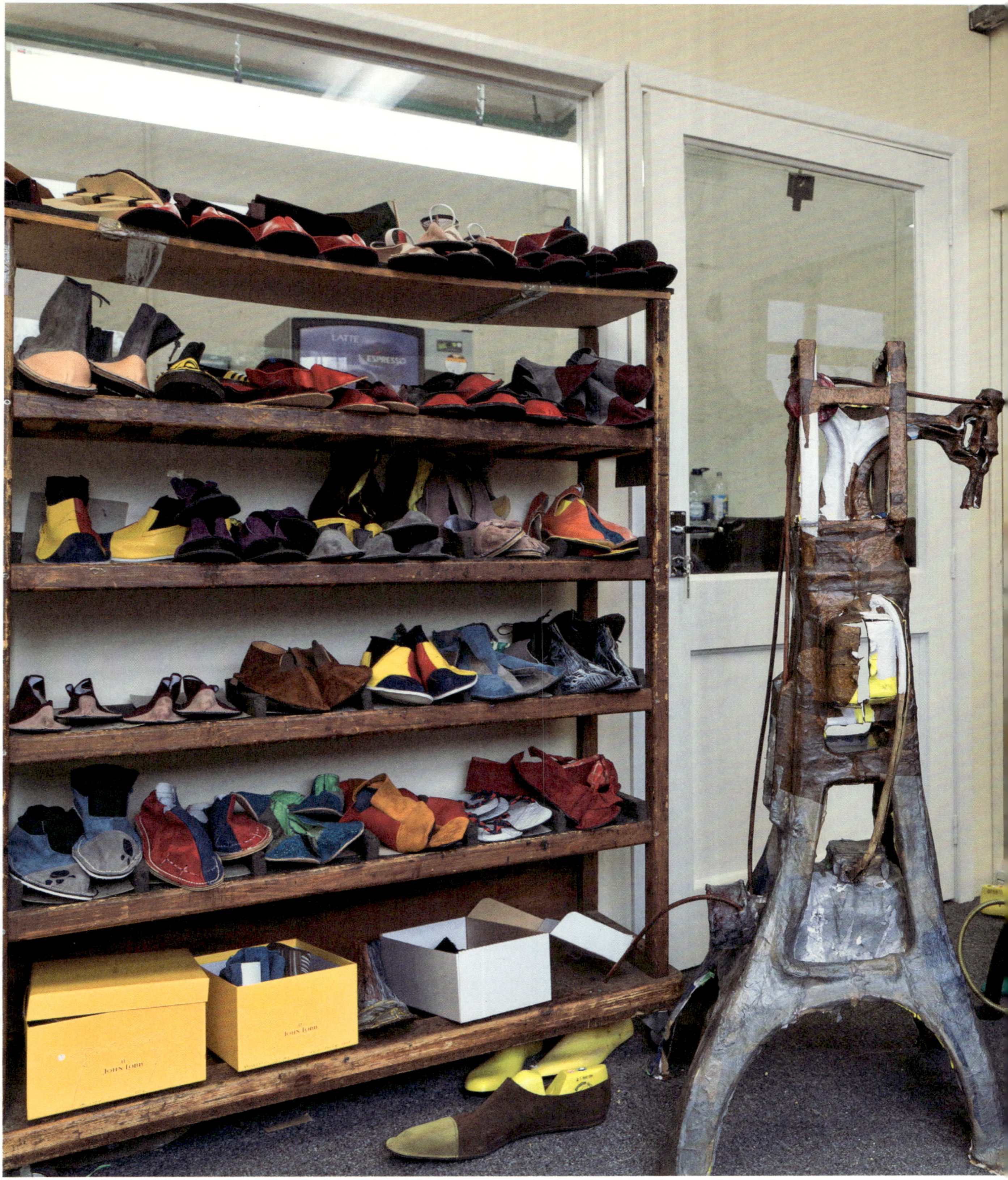

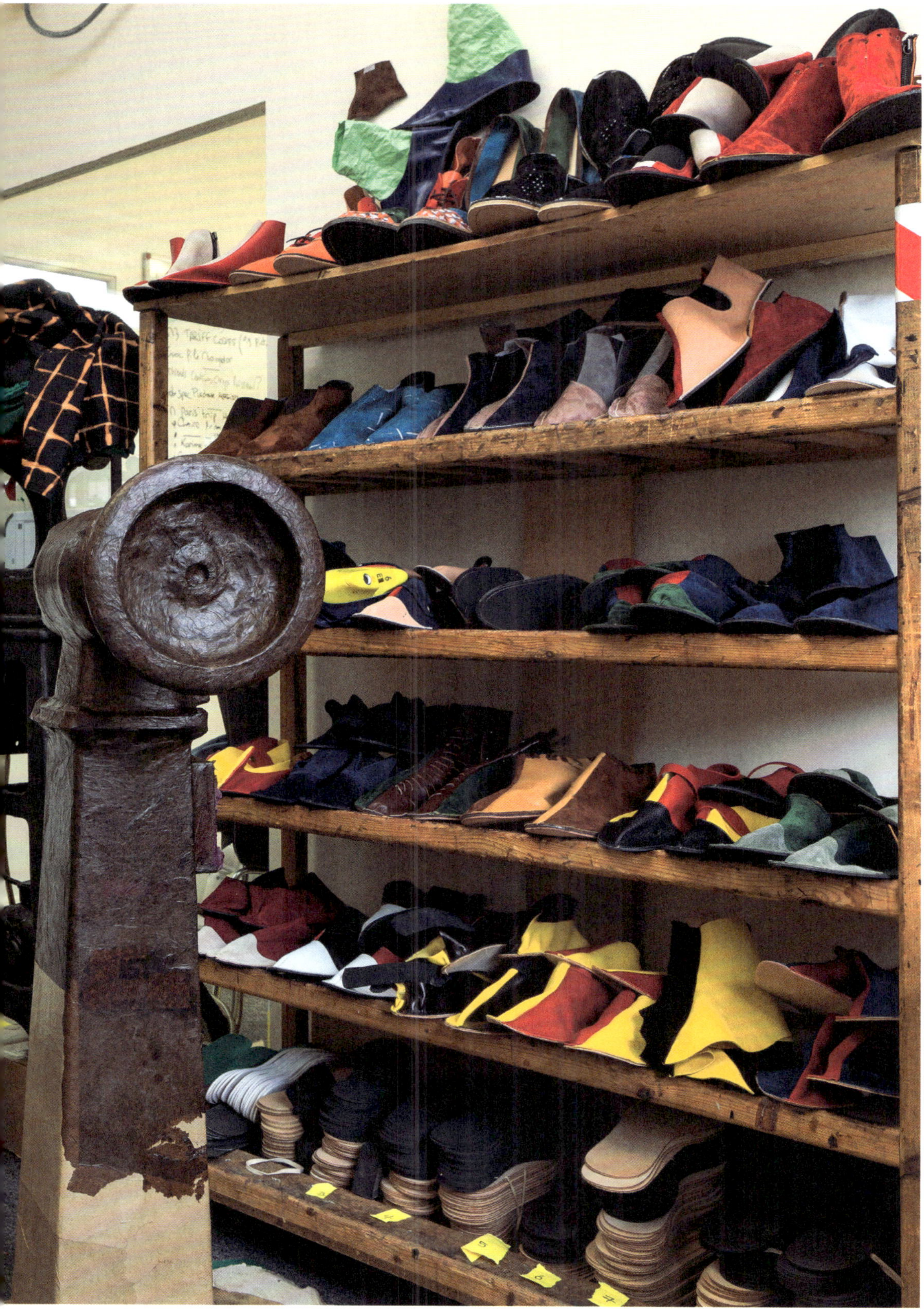

ulages en papier de soie du *channel opener* et du *channel closer* sur fond de chaussures terminées, alignées sur des étagères.
annel Opener *and* Channel Closer *silk paper casts against racks of finished shoes.*

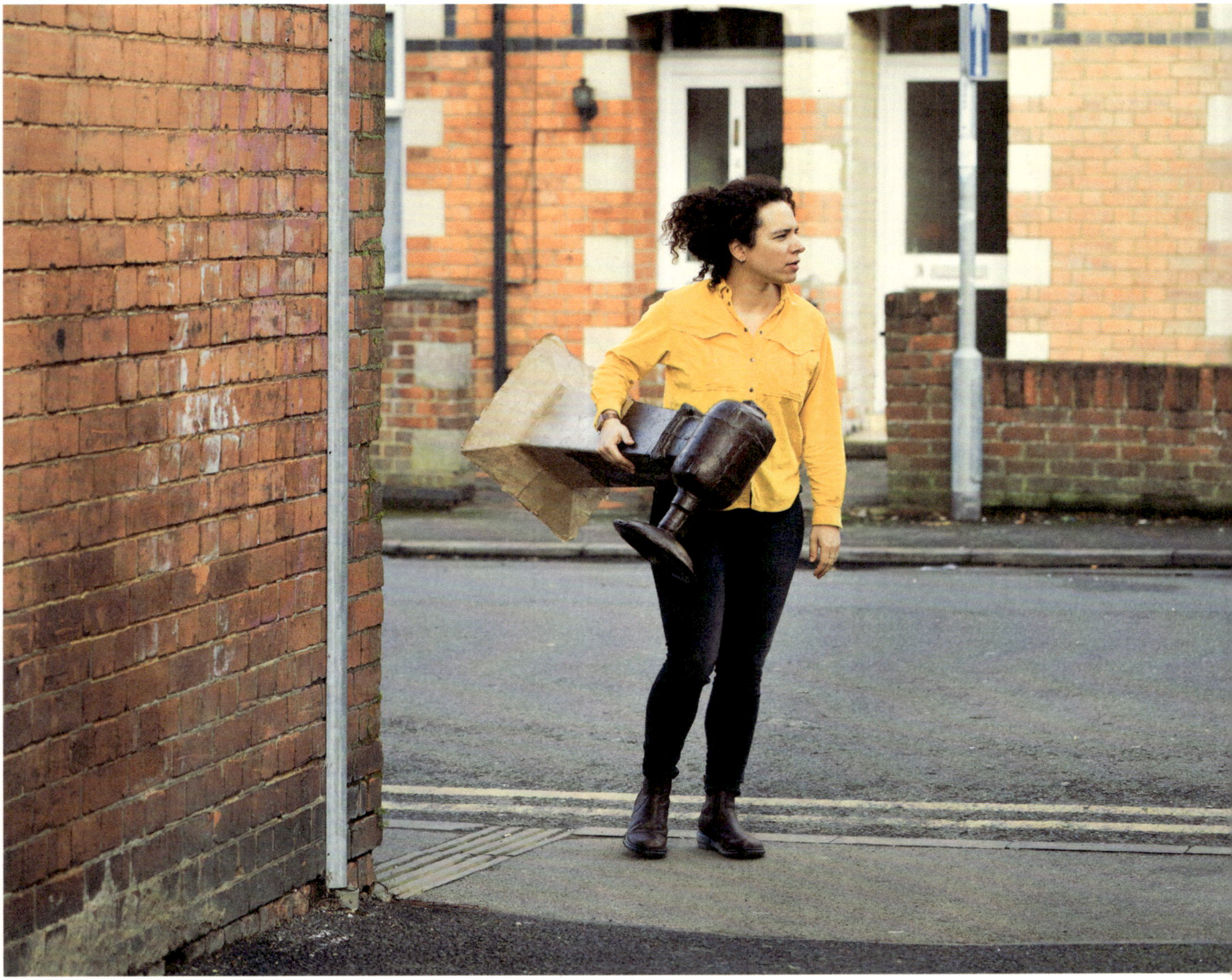

Moulages en papier de soie du *channel opener* et du *channel closer* à l'arrière du bâtim
Channel Opener and *Channel Closer* paper casts in the back a

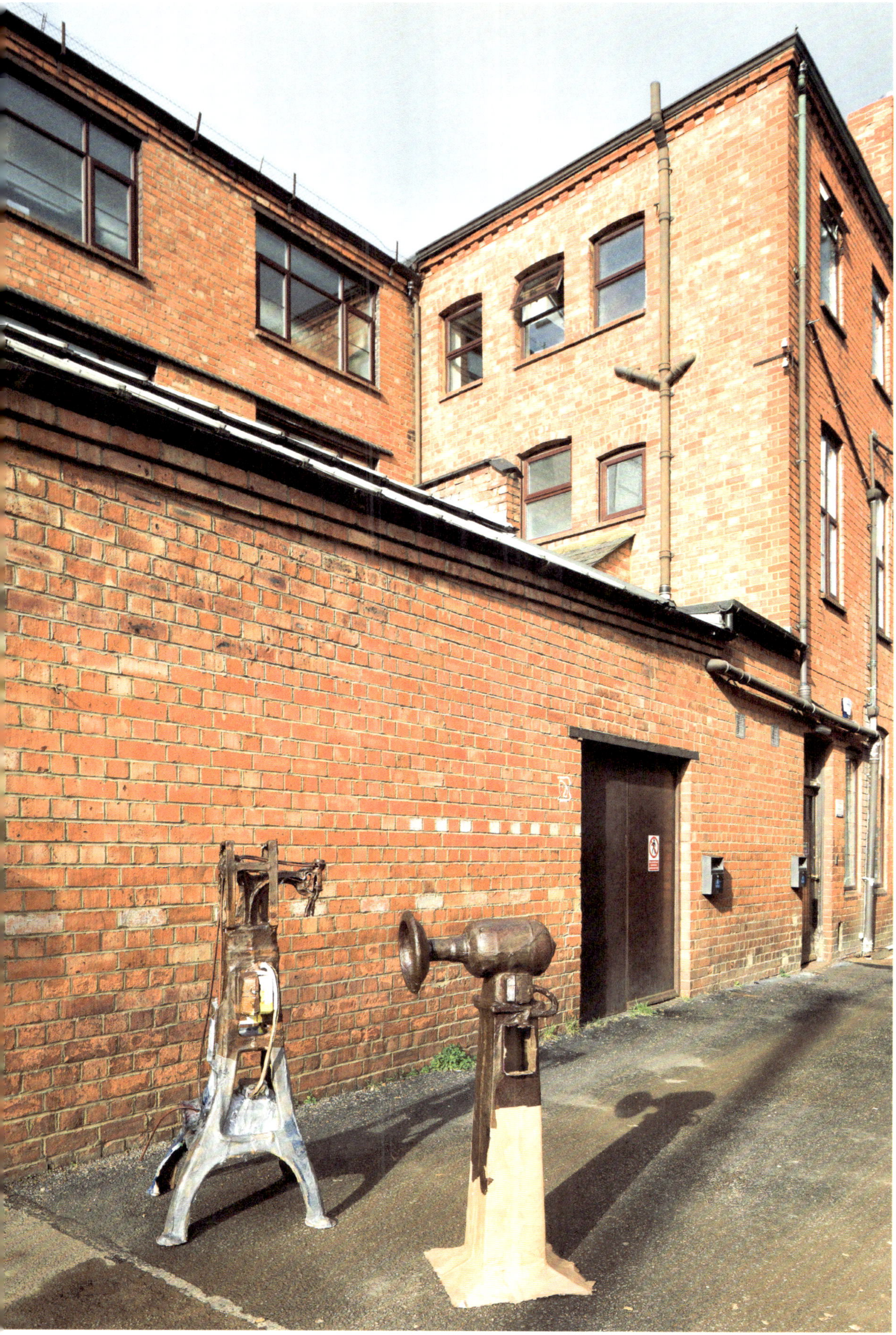

Anastasia Douka and Richard Fishman talking with Gaë Charbau

Between July 2016 and February 2017, Anastasia Douka immersed herself in the Northampton factory of boot maker John Lobb. There she developed an ambitious project that consisted in developing a unique pair of shoes with and for each artisan, expressing their tastes and preferences. All the pairs of shoes thus fashioned now constitute an exclusive "family portrait" of the artisans working on the site during her residency. She also made two papier-mâché sculptures of the machines that they use in their daily work and carried out a series of interviews that complement her visual art.

Gaël Charbau: Can you tell me what made you want to offer Anastasia Douka this experience in the famous shoe factory?
Richard Fishman:[1] As a teacher, I look for students who are inventive, curious and fascinated by the world. By mentoring these residencies, I put myself in the same state of mind. Anastasia Douka works with ordinary objects. She is extremely attentive to their form and function, and to the way in which they affect the people who use them. Being responsible for the choice of an artist to be invited on a Fondation d'entreprise Hermès residency encourages me to share the issues that inform my own work. Anastasia is interested in the way objects are made and shows real fascination and sensitivity with regard to the materials they are made of and the way they are put together. The John Lobb[2] factory goes through numerous stages to make fine shoes. You could say that, in a way, these are sculptures that have a function. It is interesting to observe what such residencies bring artists: they are exposed to materials, processes and environments that they probably never experienced before.
Anastasia found a very neat way of achieving her initial goal, which was to make works, not for an undefined audience, but for specific individuals—namely, all the artisans working in the factory. She managed to preserve the spontaneity of her approach by proposing objects that some might describe as

1. Richard Fishman is an American sculptor and designer whose works are held in numerous private and public collections, including the Hirshhorn Museum and Sculpture Garden and the B'nai B'rith Museum in Washington DC, the Rose Art Museum (Brandeis University) and the Massachusetts Institute of Technology. In addition to the many group and solo shows over his career, he has won several prizes, including a Guggenheim Foundation fellowship. Richard Fishman is professor of visual arts and director of the Granoff Center for the Creative Arts at Brown University (Providence), where he has helped set up interdisciplinary projects and courses exploring the relations between the arts, science and technology.

2. John Lobb was founded in London in 1866 and set up in Paris in 1902. John Lobb France joined the Hermès Group in 1976. In 1994 it opened a ready-to-wear shoe factory in Northampton, England. This hosted Anastasia Douka between July 2016 and February 2017. In addition to a "By Requet" personalization service, John Lobb has a bespoke service in Rue de Mogador, Paris. This workshop hosted a residency by artist Anne-Charlotte Yver in 2013.

"unfinished". She also told a story that belongs to her alone, and also talked about the production procedures by bringing together all the people involved in this factory. It is certainly a very generous project!

Gaël Charbau: Can you tell me about the origins of your project at the John Lobb factory?
Anastasia Douka: When I arrived in the manufacture, I needed to understand how the factory operates and how John Lobb shoes are made. I decided to literally follow the making of a pair of shoes within the factory. I took the leather for a single pair of shoes from one station to the next until completed. I followed every single step in the making while meeting the people behind the various processes. There are around one hundred and ninety steps needed for a pair of shoes to be completed. Even though every design is issued with a "ticket" describing all the necessary processes and manufacturing details, I realized that people were not engaged in the whole process. They concentrate on a particular and quite repetitive routine that they master and take pride in. But they lose contact with the shoes they work on as these move further along the production process. The idea of being personal and unique is lost among identical objects. It is a question of being able to identify your input, and to call something *yours* among a pile of identicals.
G. C.: Your project is based on this relationship between production capacity and the personal vision of the product belonging to each of us …
A. D.: The project is based on ideas of personalization and of group identity. How these two ideas contrast with each other in a working environment, while reflecting on the properties of the actual product and its prime material: shoes and leather. My project is based on tailoring unique pairs of shoes for everyone working in the factory. During the residency I wanted all employees, and not just the craftsmen, to be involved in the project. I decided to produce a pair of shoes for everyone at J L & Company. These shoes aren't to be worn. They are a reduction of the nature of footwear, stripped down to the very basic form of a sole and an upper stitched together. But they are tailored to size, and in the employee's preferred colour and their choice of design details. I made short video-interviews with everyone, where they described the details for their pair of shoes. These shoes were not meant to be given to them but to represent them. Everyone stated their position in the company, their shoe size, the

colours they chose, the design they wanted and some even added specific design requests. Their answers varied from rather neutral and indifferent to quite sentimental. After putting together this archive, I began working on a specific last in order to develop the various sizes. It was a challenge to be working with the 0015E[3] men's last, while trying to grade shoes for women. I had the assistance of the development office to get the right patterns. The various designs emerged from the basic principle of accommodating one, two or three colours on the same shoe. The available colours were quite different than the factory's usual colour range, including bright and bold colours. Thus the shoes are split either in the middle or in three parts so that different colours could be accommodated. They can be either a low shoe, a boot or a ballet flat. Later in the process, the employees' descriptions became more complicated. A woman asked for a pair of flip-flops and then more followed!

3. Men's last, emblematic of John Lobb.

G. C.: There are 105 people working at the John Lobb factory in Northampton; it's a huge challenge!

A. D.: Absolutely, and like all projects made by the artists in the Fondation d'entreprise Hermès residencies, my project must be produced in two copies: it means 420 shoes, which is a lot indeed!

G. C.: How did you proceed?

A. D.: At the very beginning, I started by making paper models in order to understand the basic principles of a shoe. I wanted everyone's name on the shoes, so that this set of shoes forms more of an archive. I think of this series of shoes as a collective portrait; they are made to be displayed one sitting next to the other, representing the workforce of the factory . They don't exist separately, but within a set. There could be many ways to describe a group of people, but this is an effort to create a visual archive for the employees of a company. It is a project about identity. Once the project moved into its production phase, I had a hands-on team of people assisting me with practical details and sharing the workload. During this quite unique exchange of know-how, I began to develop a sense of what they consider "beautiful" or as "wrong and sloppy". The idea of being defective began having a new meaning to them. They were invited to freely add details the way they wanted to have them and to take initiative on how we could proceed, always along the lines of the multiple requested designs. Sometimes saving time and energy were the most important factors and this is reflected in the making. These shoes were to them more like effortless prototypes, but since they were numerous they couldn't be consider anything other than “strange but unique”. Trying them on and commenting on other people’s choices became a daily game.

G. C.: During your residence you created another project based on the machines used by the artisans. Can you tell me more about these pieces?

A. D.: The relation between people and machinery is essential to the operation of any factory. There is a stereotypical and solid beauty to the body of machines. Their nature reflects years of knowledge in craftsmanship and their design addresses the physicality of the operator’s body. Among all the equipment in the factory, I chose two machines that are critical in the shoemaking process: the channel opener and the channel closer. The opener allows the upper to be stitched to the sole, and the closer hides the opened channel by flattening the leather down. They operate in opposite ways.

I also chose to work on a different machine that is used daily: the one that all employees use in to check in and check out at the beginning and end of their workdays. It is a biometric recognition system machine that requires the employee’s hand. I thought that there was an interesting connection between the hands of the employees—used in the making—and the footprint of the shoes. I made casts with paper and glue on top of the machines that I later used to cut them out. It is a kind of a second skin that keeps the general structure of the surface. But these are only hollow covers in paper of the originals.

G.C.: Can you tell me more about your relationships with the craftsmen in the factory? What were their reactions to your project?

A. D.: I think they all enjoyed the idea of watching me working among them, trying to share their skills. The employees who assisted me in the making of the shoes were more than kind in sharing details and information about the shoemaking process. Some of them were actively engaged and concerned about the progress of the work. The times that I felt incapable to continue or had to deal with practical issues, I received their insightful assistance and followed their directions. It was mostly an act of sharing the responsibility for decision-making and the satisfaction in the finalized product. Their enthusiasm, tenacity and perseverance throughout my residency were key factors in the success of the projects.

G. C.: How do you place these creations among your entire oeuvre?

A. D.: I like to work with the space, the location of wherever I’m situated and I take into account the circumstances, the limitations and the capacities of the materials and time.

I work with time and space.

Une publication/Published by
Actes Sud/Fondation d'entreprise Hermès

FONDATION D'ENTREPRISE HERMÈS
Président/President : Olivier Fournier
Directrice/Director : Catherine Tsekenis
Responsable Image éditoriale et publications/Head of Editorial Image and Publications : Frédéric Hubin
Responsable de projet résidences/Head of Project : Clémence Fraysse
Chargée de projet résidences/Project Manager : Julie Arnaud

ACTES SUD
Conception graphique/Graphic design : Raphaëlle Pinoncély
Mise en page/Layout : Atelier graphique Actes Sud
Correction/Copy editor : Aïté Bresson, Lauranne Valette (français), Bronwyn Mahoney (anglais)
Traduction/Translation : Christine Piot
Fabrication/Production : Géraldine Lay
Photogravure/Photoengraving : Caroline Lano, Terre Neuve

Texte/Text : Gaël Charbau
Légendes du portfolio/Portfolio's captions : Anastasia Douka
Photographies/Photographs : © Tadzio, 2017

REMERCIEMENTS

La Fondation d'entreprise Hermès et Anastasia Douka remercient son parrain, Richard Fishman, et les personnes ayant facilité le bon déroulement de la résidence : Renaud Paul-Dauphin, Stephen Johnson, Darren Edden, Paul Brogden, Charlotte Fordyce, Sally Adams, Michael Beardsley, Patricia Gurman, Steve Teal, Hasan Inal, François Maldonnat, Duncan Stewart, Nicola Radwell, Helen Shead, David Allen, Jade Sandiford, Toni Sandiford, Liz Kauffmann, Lisa Waite, Lucy Khan, et tous les collaborateurs de John Lobb à Northampton.

The Fondation d'entreprise Hermès and Anastasia Douka thank the artists mentor, Richard Fishman, and everyone who helped make her residency a success : Renaud Paul-Dauphin, Stephen Johnson, Darren Edden, Paul Brogden, Charlotte Fordyce, Sally Adams, Michael Beardsley, Patricia Gurman, Steve Teal, Hasan Inal, François Maldonnat, Duncan Stewart, Nicola Radwell, Helen Shead, David Allen, Jade Sandiford, Toni Sandiford, Liz Kauffmann, Lisa Waite, Lucy Khan and all the staff at John Lobb in Northampton.

ISBN 978-2-330-08506-3
www.actes-sud.fr
www.fondationdentreprisehermes.org

Achevé d'imprimer en septembre 2017
par l'imprimerie EBS à Vérone
pour le compte des éditions Actes Sud,
Le Méjan, place Nina-Berberova, 13200 Arles

Dépôt légal 1re édition : octobre 2017
(Imprimé en Italie.)